W0076338

Dieses Buch gehört:

....

Inhalt

Nur wir beide .... Seite 4

Sternenwünsche .... Seite 27

Noch einmal kuscheln .... Seite 51

Aufwachen, Mama! .... Seite 75

igloobooks

Copyright © der Originalausgabe Igloo Books Ltd
Cottage Farm, Sywell, NN6 0BJ, UK

Alle Rechte vorbehalten. Die vollständige oder auszugsweise Speicherung,
Vervielfältigung oder Übertragung dieses Werkes, ob elektronisch, mechanisch,
durch Fotokopie oder Aufzeichnung, ist ohne vorherige Genehmigung des
Rechteinhabers urheberrechtlich untersagt.

Copyright © der deutschen Übersetzung BuchVertrieb Blank GmbH
Genehmigte Ausgabe für BuchVertrieb Blank GmbH
Röhrmooser Str. 16–20
D-85256 Vierkirchen

Layout: Sacha Robinson-Forster
Covergestaltung: Amy Bradford
Illustrationen: Steve Brown, James Newman Gray, Lee Holland and Suzanne Khushi
Text: Alice King, Stephanie Moss, Ronne Randall and Anne Marie Ryan

Realisation der deutschen Ausgabe:
trans texas publishing services GmbH, Köln

0519 001.01
2 4 6 8 10 9 7 5 3 1
ISBN 978-1-83852-469-2

Gedruckt und hergestellt in China

Meine schönsten

Gutenacht-
geschichten

igloobooks

Nur wir beide

In seiner Heimat am eisigen Meer
saß ein kleiner Bär
und langweilte sich sehr.

Doch eines Tages ...

4

... „Post!",

schrie die Möwe.

Dabei flog sie ganz tief

und überreichte dem
kleinen Bären einen Brief.

5

Der große Bär schrieb:

„Ich will bei dir sein. "

Am nächsten Tag
schon traf er ein.

„Hier gibt es doch nichts",
sagte der kleine Bär.

„Nur uns beide, den Schnee und nicht viel mehr."

7

Da sagte der große Bär zu dem kleinen:

„Spaß kann man überall haben, will ich meinen".

„Komm einfach mit, wohin ich geh!"

Sie stapften auf einen Hügel im Schnee.

Der große Bär blieb kurz oben stehen,

um sich nach dem kleinen umzusehen ...

„Jippiiiiie!"

sie sprangen ...

... und flutschten.

„Jippiiiiie!"

Sie rollten ...

... und rutschten.

„Jippiiiiie,
wir fliegen!",

juchzte der kleine Bär.

Und dann ...

... kamen sie unten auf dem **Packeis** an.

„Was für ein Spaß!", riefen sie.
Ihre Tatzen packten

auf Eisschollen, die plötzlich laut knackten.

KNACK!

Dann rannten sie um die Wette, juchhee!

und hinterließen Spuren im tiefen Schnee.

Als Nächstes übten sie, auf einem Bein zu stehen
und sich dabei elegant zu drehen.

Und nach dem ganzen Schlittern und Laufen,

hatten sie Lust, ein bisschen zu raufen.

Sie tauchten hinab,

um das Meer zu entdecken,

und spielten in geheimen Höhlen Verstecken.

Sie spielten und tobten den ganzen Tag,

bis die Sonne sich hinter den Bergen verbarg.

Der kleine Bär seufzte:
"Ach, ist das schön.

So etwas hab ich
noch nie gesehen!"

21

Der kleine Bär sagte:

„Das war ein toller Tag!"

Der große Bär nickte:

„Hab ich doch gleich gesagt."

Dann kuschelten sie sich ein in der sanften Mondesnacht.

„Danke", sagte der kleine Bär und der große:

„Gute Nacht."

Sternen-wünsche

Wenn der Silbermond am Himmel steht
und alles ringsum schlafen geht,
dann suchen wir im Sternengewimmel
nach einer Sternschnuppe am Himmel.

28

Die könnte uns nämlich Wünsche erfüllen
und unsere Lust auf Abenteuer stillen.
Schau mal, da ist eine, hell und groß.
Wünsch dir was und dann geht's los!

Auf einmal sind wir beide inmitten
einer Schneelandschaft auf einem roten Schlitten.
Halt dich gut fest, gleich geht es munter
im Affenzahn den Schneeberg runter.

Von den Zehenspitzen bis zu den Ohren
sind wir bald ziemlich durchgefroren.
Aber das bemerken wir kaum,
so viel Spaß macht der Wintertraum.

Auf einer Südseeinsel gehen wir an Land
und suchen einen Schatz ganz tief im Sand.
Denn wir sind jetzt – könnt ihr's erraten? –
so richtig gefährliche, wilde Piraten!

Wir buddeln und buddeln und graben und graben,
bis wir den Schatz gefunden haben.
Die Schatzkiste ist fast zu schwer zum Heben.
Oh wie lustig ist das Piratenleben!

Auf einer himmlischen
Achterbahnfahrt ...

... geht die Reise weiter
auf besondere Art.

34

Auf und ab geht
die Himmelsfahrt.

Erst klettern wir hoch …

… dann zischen wir runter

und dann geht's
zurück zum Start!

Wir reiten auf einem freundlichen Drachen
mit glänzenden Schuppen und feurigem Rachen.
Um unsere Nasen pfeift ein frischer Wind.
Wie heißt wohl das Land, wo wir jetzt sind?

Glitzernde Flüsse
und schimmerndes Grün
sehen wir unten
vorüberziehen.

Schaut mal, da ist eine Burg
ganz aus Stein.
Wir fliegen hinüber
und schauen kurz rein.

37

Jetzt kommen wir plötzlich angeflogen
auf einem leuchtenden Regenbogen.
Siehst du Rot, Orange, Gelb, Grün und auch Violett?
Blau und Indigo machen den Bogen komplett.

Die Farben am Himmel, sie strahlen so hell
und leuchten auf Schuppen und Federn und Fell.
Ein Topf mit Goldstaub steht ganz am Ende.
Wir springen rein und heben froh die Hände.

Dieses Land ist das beste aller Zeiten,
denn es besteht nur aus Süßigkeiten!
Die Berge sind aus Zucker pur,
die Gipfel aus Kirschen und Glasur.

Die Häuser sind aus Lebkuchen gemacht,
die Blumen sind Eiscreme, wer hätt' das gedacht?
Und überall wachsen hier Lolli-Bäume –
was für himmlische Naschkatzenträume!

Wir fliegen ins Märchenland, denn dort warten
berühmte Märchenhelden aller Arten
und auch allerhand Zauberwesen –
die kennen wir alle vom Büchervorlesen.

Das Rotkäppchen winkt uns zu und lacht,
Dornröschen ist endlich aufgewacht.
Rapunzel will nicht mehr gefangen sein
und die drei kleinen Schweinchen laden uns ein.

43

In unserem Bett fliegen wir zum Mond.
Glaubst du, dass dort jemand wohnt?
Vielleicht grüne Männchen mit Rückenraketen?
Oder wohnen die auf anderen Planeten?

Wir schweben durch das stille All,
sammeln Sterne ein von überall
und mit einem letzten Weltraumblick
kehren wir auf die Erde zurück.

Mit unserem wunderbar funkelnden Sternenschatz

sind wir wieder zu Hause – am allerbesten Platz.

Die Sterne erinnern uns immer daran,
dass man sich Dinge wünschen kann.
Sie entführen uns mit ihrer Magie
in Wunderwelten der Fantasie.

48

Noch einmal kuscheln

Es war Abend und vor dem Mäusehaus ging die Sonne unter.

„Komm, kleine Maus", sagte Mama Maus, „leg deine Spielsachen weg. Es ist Zeit zum Schlafengehen."

„Kann ich nicht noch etwas aufbleiben?", fragte die kleine Maus und zuckte mit dem Näschen. „Ich bin doch noch gar nicht müde."

Mama Maus lächelte. „Dagegen hilft ein schönes warmes Schaumbad", sagte sie.

Im Bad platschte Wasser in die Wanne, die sich mit weichen, seifigen Blubberblasen füllte. Mama Maus half der kleinen Maus beim Einsteigen.

Plitsch, platsch

Die duftenden Seifenblasen fühlten sich schön an.

Mama Maus wickelte die kleine Maus in ein dickes, flauschiges Handtuch. „Warm und sauber, bereit für das Land der Träume", sagte sie, während sie der kleinen Maus half, ihren gemütlichen Schlafanzug zuzuknöpfen.

55

Aber die kleine Maus war immer noch nicht müde. „Ein warmes Getränk wird deinem Bauch gut tun", sagte Mama Maus und ging in die Küche. „Schön langsam trinken, kleine Maus."

Im Wohnzimmer kuschelten sich Mama Maus und die kleine Maus in einen Sessel. Mama Maus las der kleinen Maus eine Gutenachtgeschichte vor.

Die kleine Maus mochte die Bilder von Booten, die über die Wellen segelten.

Als die Geschichte zu Ende war,
brachte Mama Maus die kleine
Maus ins Bett.
„Schlafenszeit", sagte sie sanft.

„Aber ich bin immer noch nicht
müde", sagte die kleine Maus.

„Ich kuschele dich zusammen
mit Hasi in deiner warmen
Bettdecke ein, dann schläfst
du bestimmt gleich ein",
versprach Mama Maus.

Die kleine Maus zog die Bettdecke hoch, drückte
Hasi fest an sich und machte die Augen zu.
Doch eine Minute später …

„Mama, ich kann nicht
schlafen!", rief sie.
„Singst du mir ein
Gutenachtlied?"

Mit sanfter Stimme sang Mama Maus ein
schönes Schlaflied über einen Frühlingsgarten.
Die Augenlider der kleinen Maus wurden
schwerer und schwerer.

„Gute Nacht, kleine Maus",
flüsterte Mama Maus.
„Träum was Schönes."

Nur zwei Minuten später hörte man ein

Trippel-trappel, Trippel-trappel

und die kleine Maus kam die Treppe herunter. „Mama", sagte sie, „ich kann IMMER noch nicht schlafen! Ich glaube, ich muss noch mal gekuschelt werden."

Mama Maus legte ihre weichen Arme um die kleine Maus.

Sie drückte sie einmal fest an sich – und zur Sicherheit noch ein zweites Mal.

Und dann gab sie ihr noch einen Kuss auf das Näschen.

„Zeit, wieder ins Bett zu gehen",
sagte Mama Maus und brachte die
kleine Maus nach oben.

„Ich kann nicht einschlafen",
sagte die kleine Maus. „Was, wenn
ein Monster mich holen will?"

„Ich ziehe die Vorhänge zu,
dann bist du sicher", sagte
Mama Maus.

„Gute Nacht, kleine Maus", sagte Mama
Maus, während sie die Bettdecke feststeckte.
„Träum was Schönes."
Plötzlich setzte sich die kleine Maus auf.
„Aber was, wenn ich etwas HÄSSLICHES
träume?", fragte sie.

Mama Maus schaltete das Sternen-Nachtlicht an.

„Wünsch dir einfach von deinem Stern schöne Träume",
sagte sie. „Hasi wacht über dich, während du schläfst."

67

Also kuschelte sich die kleine Maus unter die Decke und wünschte sich von ihrem Stern schöne Träume.

Sie wünschte sich
Träume von Abenteuern
mit Hasi ...

... und von sonnigen
Frühlingsgärten ...

... und von weichen Schnurr-
haarküssen ihrer Mama.

Schon bald wurden die Augen der kleinen
Maus kleiner und kleiner … und noch
kleiner … und fielen schließlich ganz zu.
Endlich schlief die kleine Maus tief und fest.

Genau wie Mama Maus!

Gute Nacht! Und träumt was Schönes, kleine Maus und Mama Maus.

71

72

Aufwachen, Mama!

Aufwachen, Mama!
Zeit aufzustehen.
Teddy und ich sind wach!
Ist das nicht schön?

Wir freuen uns schon so auf den neuen Tag.
Also steh bitte auf, wenn ich's dir sag!

Aufwachen, Mama!
Zeit, aufzustehen.
Versteck dich nicht im Kissen,
ich kann dich gähnen sehen.
Komm endlich hoch,
den neuen Tag begrüßen,
sonst zieh ich dir die Decke weg
und **stampfe** mit den Füßen.

Was ist das für ein Laut?
HUHUU HUHUU?

Die ganze Welt ist wach,
verschlafen bist nur DU!

Aufwachen, Mama! Ich such dir Kleider raus.
Na gut, ein Bademantel reicht fürs Erste aus.

Hier ist ein Pantoffel.
Da war doch noch ein zweiter!
Zieh den erst mal an,
dann sehen wir weiter.

Aufwachen, Mama!
Komm, wir legen los!
Du siehst so komisch aus.
Was hast du denn bloß?

84

Wenn du nicht bald munter wirst, mach ich ganz viel Krach.
Du kannst dir sicher sein: **Davon** wirst du wach.

Aufwachen, Mama! Ich hab
eine Idee! Du brauchst zum
Wachwerden nur eine Tasse Kaffee.

Schau mal, ich habe dir
sogar Pfannkuchen gemacht.
Papa kriegt auch was ab,
wenn er endlich aufwacht.

Aufwachen, Mama, weil ich spielen will.
Morgens zwitschern die Vögel – komisch, heute ist es still.

Und unser Hund Rico wirkt auch so seltsam schlapp.
Vielleicht bringt ihn ja sein Spielzeug auf Trab.

Aufwachen, Mama! Ich will einen Kakao.
Morgens schmeckt der am besten, das weiß ich genau.

Du verschüttest
die Milch,

Nein ... warte ...
STOPP!

Ich putze die Zähne,
du holst den Wischmopp.

Aufwachen, Mama! Warum hab ich Licht angemacht? Irgendwie sieht's aus, als wär's mitten in der Nacht!

Ist es dunkler als sonst oder
bild ich mir das ein?

Könnte es
wirklich noch
etwas früh sein?

93

Aufwachen, Mama!
Oder willst du kurz dösen?
Oder vielleicht in meinem
Bett die Zeitung lesen?

Ich mache nur ganz kurz
die Augen etwas zu.
Schließlich ist es noch früh und
ein Kind braucht seine Ruh!